193. 1864 (30 Mai)

(193e)

CATALOGUE
D'ESTAMPES
ET LITHOGRAPHIES

Calame, Charlet, Horace Vernet, etc., etc.

DESSINS

Anciens et Modernes, en feuilles, encadrés et sous verre

FORMANT LE CABINET DE M... R.

DONT LA VENTE AURA LIEU

HOTEL DES COMMISSAIRES-PRISEURS

Rue Drouot, n° 5

SALLE N° 3, AU 1er

Les Lundi 30 et Mardi 31 Mai 1864

A UNE HEURE PRÉCISE

Me **DELBERGUE-CORMONT**, Cre-Priseur, rue de Provence, 8,

Assisté de **M. VIGNÈRES**, Marchand d'Estampes,
rue de la Monnaie, 13, à l'entresol, entrée rue Baillet, 1,
CHEZ LEQUEL SE DISTRIBUE LE CATALOGUE.

Exposition chaque jour avant la Vente.

PARIS — 1864

CONDITIONS DE LA VENTE

Elle sera faite au comptant.

Les acquéreurs paieront CINQ POUR CENT en sus des adjudications.

L'ordre du catalogue sera suivi.

Les lots pourront être divisés à la volonté du vendeur.

Les désignations et attributions de l'amateur ont été conservées pour les dessins.

M. VIGNÈRES, dirigeant la Vente, se charge des Commissions.

NOTA. Toute commission sans prix fixé ou sans limite déterminée sera regardée comme nulle.

M. VIGNÈRES se charge de faire marquer les prix aux Catalogues des ventes qu'il a faites. Les personnes qui le désirent peuvent s'adresser à lui *franco*.

AVIS. — Nous prions MM. les Amateurs éloignés de ne pas attendre au dernier jour, pour quo les lettres arrivent le matin de la vente ; ils comprendront que quelques lettres peuvent se lire, mais de 20 à 50 lettres, c'est difficile.

Lecouchin 3 50,

Cauchois 9

ESTAMPES

ET LITHOGRAPHIES

1 **L'Artiste**. Eaux-fortes et lithog. 48 p.

2 **Artistes contemporains**. Gravés et lithog. 13 p.

3 **Artistes belges**. Sujets et paysages, 51 lithog.

4 **Beaujan** et Ozanne. Marines, 62 sujets.

5 **Beaumont**. Les Feuilles et la Marguerite. 6 feuilles lithog., coloriées, enfantillages. 6 p.

6 **Bellangé**. Sujets militaires et autres, noir et couleur, plusieurs anciens. 57 p.

7 **Berghem** (par et d'après), C. Dujardin, V. de Velde et autres, d'ap. P. Potter. 70 p. d'animaux.

8 **Bervic**. L'Innocence, encadrée.

9 **Boilly**, Léon Coignet, Lemud, etc. 25 p.

10 **Calame**. Études pour le paysage, superbes, et première ép. sur papier teinté avec lavis à l'encre, et rehaut de blanc pour modèle, pour faire exécuter la pierre de ton. 28 p. rares et autres, 31 p.

11 **Callot**. Gueux. Misères de la guerre. 77 p. Par et d'après.

12 **Cars**. Portraits des grands maîtres de Malte, avec carte et celui de Vertot. 71 p. Complet.

13 **Charlet**. Costumes militaires, garde impériale, à la plume Lacombe, 127. Numéros 1, 3, 6, 22, coloriés et rognés; numéros 8, 13, 14, 15, 16, 19, 20, 21, 22, 23, 24, en noir toute marge. 15 p.

14 — Recrue à l'exercice 110. Garde impériale, imp. chez Delpech. 160, 161, 163, 166, 167, 168, 176, 177, 179, 181, 182, 184. Garde nationale, 206. Grenadier polonais, 16 p.

15 — Lithog. à la plume et autres sur chine, papier de couleur, 39, et d'après, 9. 48 p.

16 — L'Aumône, Prisonniers. Gaspard l'avisé. Il faut en rire. La petite armée française, Artillerie légère. Quartier général, etc., etc. 174 p. Pourra être divisé.

17 **Charles Jacques**. Sujets et paysages, eaux-fortes et bois. 19 p.

18 **Claude Lorrain** (d'ap.). Fac-simile, par Earlom, tiré du Liber Veritatis, etc. 41 p.

19 **Cochin** et Gravelot. Iconologie. Figures allégoriques. 64 p.

20 **Debucourt**. Promenade au bois de Vincennes. Marchand de vin des environs de Rome. En couleur.

21 **Decamps**. Eaux-fortes, lithographies originales et autres d'après lui. 21 p. et autres. 24 p.

22. **Delaroche** (Paul). L'éclatant Etalon du haras du Pin. Lithog. à deux tons, d'après Eugène Lami, 1823. Rare.

Query.

Couchois 4 50

F. Petit 7

Couchois 6. 50

Couchois 10 50

Couchois 11

Couchois 2 25

Tonnaire 18

23 **Demarne**. Eaux-fortes et lithog. Sujets d'animaux. 48 p.

24 **Deveria**. Les Contes de Lafontaine et autres, lithog. originales, vignettes d'ap. lui. 37 p.

25 **Eaux-fortes**. Boissieu, Marvy, Johannot, Nanteuil, etc. 19 p.

26 **Eaux-fortes** d'ap. Diaz, 7, par Denon et autres. Sujets, paysages, marines, etc. 41 p.

27 **École allemande** et flamande. Albert Durer, le Chien de Goltzius, etc. Environ 65 p.

28 **Écoles française** XVIIIe siècle et autres. Paysages de Robert et autres. 52 p.

29 — Sujets religieux et autres. 55 p.

30 **École italienne** et vue d'Italie. 44 p,

31 École moderne. Le Harem, d'ap. Diaz. Jeune fille, Jeune mère d'ap. Plassan. Sujets religieux, etc. 11 p.

32 **Faber**. Animaux. Eaux-fortes d'ap. Ommeganck. 21 p.

33 **Fac-simile** d'[illegible] maîtres de l'École italienne. 34 p.

34 **Felon**. Bas-reliefs du Louvre. Baigneuses. Figures entières à la sanguine, etc. 14 p.

35 **Flaxman**. Jours de la Théogonie. Dante. Enfer et Purgatoire. 71 p. au trait.

36 — Le Purgatoire. 38 p. Sophocle 18. 56 p.

37 **Fragonard**. Ruines du château de Tancarville, 4, et par Guérin et autres. 18 lithog.

38 — (D'ap.). Le Vérou et autres pièces gracieuses, de Carême et autres. 7 p.

39 **Gatine**, d'ap. Lanté. Les Femmes célèbres en pied, costumes étrangers, travestissements coloriés. 55 p.

40 **Gavarni**. Têtes et costumes de femmes coloriées. 13 p.

41 **Gericault.** Portraits de lui, et sujets de chevaux. 30 p.

42 **Grenier**.. Sujets tirés du Ménestrel et autres. 51 p.

43 **Greuze** (d'ap). Têtes et sujets. 19 p.

44 **Gros**. Arabes du désert. 2 p. lithog.

45 **Gudin**. Marines par et d'ap., 13, et par Eug. Isabey, 17. En tout 30 p.

46 **Guyot**. Histoire de Paul et Virginie, et sujets d'enfants, par autres. 27 p. en couleur.

47 **D'Hardivillers** (d'ap.) Eglinton Tournament. 10 p. lithog. Costumes de chevaliers.

48 **Huet** (P.). Paysages, eaux-fortes, 8; lithog. 12. En tout 20 p.

49 **Jaime**. Études d'animaux d'après les maîtres. 12 p.

50 **Johannot** (d'ap.). Vignettes et d'ap. Desenne. 14 p.

51 **Lami** (Eugène). Sujets de chevaux, de voitures et de romans. 40 p. lithog. originales et 10 d'ap. lui, 50 p.

52 **Leclerc** (S.). Chemin de la Croix. Habillements des anciens Grecs. 59 p.

53 **Léon Noël**. Portraits d'Actrices. 13 p.

54 **Lindemann-Frommel**. Vues d'Italie à deux tons, etc. 22 p.

Canchons 2. 50

[illegible] 1.75

55 **Lithographies**. Sujets. Vues de France et de l'Europe. 100 p. Pourra être divisé.

56 — Sujets et Paysages divers. 100 p. Sera divisé.

57 — Paysages de Tirpenne, Thenot, Bourgeois, etc. 57 p.

58 — Têtes de femmes, par Mansion, 9. Sujets de femmes, fantaisies. Costumes de Lecomte. 42 p.

59 — Coloriées. Deveria, Lacour. Madou et autres. 24 p.

60 **Mansion**. Têtes de femmes, et divers sujets coloriés, par divers. 21 p.

61 **Massard**. Chagrin de l'Enfance, avant la lettre. Encadré.

62 **Morghen**. Clizia, d'ap. Carrache. Encadré.

63 **Orlowski**, etc. Sujets et costumes russes. 41 p.

64 Ornements. Alphabets de lettres ornées. 54 p.

65 **Ostade**. Sujets flamands. 8 p. par et d'ap.

66 **Parrocel**. Chevaux. Vie de Jésus. 8 p.

67 **Pas** (C. de). Lès Empereurs à cheval. Les Sibylles, etc. 28 p.

68 **Photographies**. Portraits de Delaroche, Napoléon et autres sujets de son œuvre. Vues de Baldus. 6 p.

69 — Sujets d'ap. Raphaël, d'après des tableaux modernes, et vues d'ap. nature, instantanées, etc. 56 p.

70 — Florinde. Comment on apprend à pécher; et autres, d'après Hamon. 9 p.

71 **Pièces en couleur** et sanguine, 16. Sujets de Pompeï, 4; en tout 20 p. Sera divisé.

72 **Pinelli**. Scènes de Rome. 50 p.

73 **Plonski**. Son œuvre avec différences. 30 p.

74 **Portraits**. Espagnols, la reine et autres. 10 p.

75 — Portraits divers. 115 p. Sera divisé.

76 — Napoléon. Sujets, batailles, tombeau, portraits et sa famille. 28 p.

77 **Prudhon** (d'ap.). La grotte, par Roger, ép. avec la tablette, Aminta, la justice divine, Daphnis et Cloé et d'ap. Girard. 19 p.

78 **Raffet**. Revue aux Champs-Élysées et autres lithog. originales. 13. — Vignettes pour la Révolution, d'après. 20, etc. 36 p.

79 **Raphael** (d'ap.). Les apôtres. 14 p.

80 **Rembrandt**. Médée ou mariage de Jason, Jésus chassant les vendeurs, Samaritaine et autres, par et d'après. 25 p.

81 **Saint-Aubin** (d'ap.). Nos gens, 6 p.; les jeux des petits polissons de Paris. En tout, 9 p.

82 **Swanevelt**. Paysages à l'eau-forte. 53 p.

83 **Tardieu**. La communion de saint Jérôme, d'après le Dominiquin. Encadré.

84 **Thomas**. Un an à Rome, 48 p.; lithog. coloriées et 2 en noir. 50 p.

85 **Watteau** (d'ap.). Têtes d'après ses tableaux, 24 p. et autres. 26 p.

86 **Watelet**. Vue de la forêt de Compiègne, etc. 8 lithog.

87 **Waterlo**. Paysages, 22. — Both. 10. — 32 p.

88 **Verdier** (d'ap.). Histoire de Samson. 40 p.

Cauchon 7.50

Cauchon 8

Cauchon 7.50

Cauchois 9

Cauchois 5

Tourment 5
Jumièges
Havre
le tout 22

89 **Vernet** (Carle). Inconvénients de la chasse et des voitures. 12 p.

— Chiens, chevaux. 26 p.

— Études de têtes de chevaux. 13 p.

90 — Vue de Damiette, entrée de la rue du Bazar, à Saint-Jean d'Acre, sujets de chevaux divers, plusieurs rares par et d'après. 23 p.

91 **Vernet** (H.). Catalogue de l'Œuvre.

92 — Lithographies originales, 42. — Modes de femmes des costumes parisiens d'après lui, 18. — 60 p.

93 — Chevaux par Lœilliot, d'ap. H. V. 14 p.

94 — Le Pinde colorié, les forçats, scène d'Auvergne, 1815, Bivouac français et pendants, église de Jumièges, entrée du port du Havre, massacre des Mamelucks, squelettes, etc. 22 p.

95 **Vignettes**. Moreau et autres; pour Béranger, etc. 55 p.

96 — Lebarbier, Moreau et autres. 67 p.

97 **Vignettes Anglaises**. Vues d'Orient, Chine, etc. 56 p.

98 — La plupart têtes de femmes. 36 p.

99 **Wille**. La tante de Gérard Dow. — Le soldat des gardes suisses. 2 p. avant la lettre.

100 — La ménagère hollandaise. — L'observateur, jeune joueur d'instruments. — La petite écolière. — La maîtresse d'école. 5 p.

101 — Bonne femme de Normandie, sa sœur. — Bons amis. — Repos de la Vierge et autres. 7 p.

102 — Tricoteuse. — Gazettière. — Offres réciproques. 3 p.

103 **Villeneuve.** Vues de Suisse. **26** p.

104 **Volmar** et d'ap. Landseer. Chiens. **19** p.

105 Vues des ports de France, noir et couleur. **13** p.

106 Vie de Jésus-Christ, paraboles, 14 p. Modèles des actions de la jeunesse chrétienne, 20 p. — 34 p.

107 Galeries de Versailles, sujets historiques. 78 p.

108 — Portraits en pied. 50 p.

109 — Portraits en buste. 73 p.

— Toutes ces épreuves sont sur chine.

110 Galerie du Palais-Royal, lithog. d'ap. H. Vernet et autres. 69 p. Pourra être divisé.

111 Galerie de Saint-Pétersbourg. 107 lithog. Sera divisé.

112 Sujets au trait divers. 175 p.

113 Études de paysages. Hubert Thenot et autres, animaux, etc. Environ 250 p. 2 lots.

114 Paysages, Calame, Ciceri, etc. 24 p.

115 Paysages divers, la plupart eaux-fortes. 76 p.

116 Panorama de Lausanne et du lac de Genève avec explication, en couleur, chez Lami, sur un rouleau.

117 Sujets et vues de l'exposition de Londres et tirées de l'*Illustration*, et en couleur. Environ 30 p.

118 Cabinet de curiosité chromo-lithog. Sous verre.

119 Costumes coloriés. 6 p. encadrés.

LIVRES A FIGURES, ALBUMS

120 — Antiquités. Arc de l'Étoile, etc. 5 cahiers.

121 — Fastes de la gloire. 40 p. in-4, cartonné.

122 — Vignettes anglaises, vues, marines. 40 p.

40. 5
42 4

Cauchois 11

123 — Sujets divers, 47 p. — Duplessis Bertaux, 37 p. — Rébus, 13 p. En tout, 97 p., 3 albums.

124 — Vignole. — Ornements, 24 p., 2 albums.

125 Album. Eaux-fortes par Boissieu, Bertaux, Marvy et autres. 41 p.

126 — De l'ARTISTE. Portraits et sujets. 29 p.

127 — de la *France littéraire*. 15 p.

128 Album oblong contenant : Modes, costumes, sujets de théâtre, faits historiques, etc., etc. 492 p. gravés, lithographiés, sujets en bois.

129 — Sujets divers, vues, portraits, etc. 160 p.

130 Album contenant des monuments, statues, etc., la plupart au trait ; sujets divers, 225 p. Oblong.

131 Vues de Provins. 38 pl. lithog. sur chine et texte in-4, carton.

132 Variétés. 2 recueils de lithographies artistiques, vignettes et portraits gravés. 119 p.

133 Costumes de Callot, Leclère, Saint-Aubin, 1761 ; Coiffures poudrées, 1785, 1797, et autres. Costumes de théâtres, modes, étrangers, etc. 121 p.

134 Lithographies par les artistes du *Charivari*, 2. Albums. 40 p. dont 9 par Gavarni.

135 Album. Sujets de l'histoire de Napoléon et costumes militaires. A la plume et lithographiés par Charlet et autres; la plupart coloriés. 157 p.

136 **Charlet**. Sujets à la plume pour les écoles Polytechnique et autres, 1839, in-fol. 52 p. lithog. sur chine, cartonné.

137 **Deroy**. La France. Vues et monuments, 26 p., dont titre. Lithog. in-fol, demi-rel.

138 **Gavarni**. Œuvres choisies. 520 sujets sur bois à 4 à la feuille, in-fol., 1857, demi-rel.

139 — 3 albums de 38 p. en bois, 1848,1849. 113 p.

140 **Meisner** (D.). Portraits équestres, in-4, des empereurs et princes d'Allemagne. 61 p. dans un album.

141 **Monnet**. Scènes de la Révolution par Helman. 15 pl. oblongues, in-fol., carton.

142 **Monnier** (Henri), etc. Caricatures, Scènes de la vie, Récréation. 33 p. couleur et noir, cahier.

143 — Les grisettes, etc., 14 p., acteurs de Vigneron. En tout 47 p. demi-rel.

144 Portraits de diverses célébrités. 225 p. Album.

145 — De peintres. 83 p. Album.

146 — D'acteurs, tirés du miroir. 56 p. demi-rel.

147 — D'acteurs, tirés du *Courrier* et *Corsaire*. 74 p. demi-rel.

148 Portraits des rois, reines, princes et princesses de la Maison de France, depuis Clodion jusqu'à nos jours, recueillis et classés par ordre de règne. 176 p. de différents formats, vol., dos parch.

149 Médailles des rois de France, in-4, carton.

150 **Retzsch**. Le Dragon, 16. — Et d'après lui Faust, 26. Fridolin, 8. — Album de 50 p.

151 **Vernet** (Carle et Horace). Œuvre par et d'après, lithog. et gravé, les cendres de Napoléon, etc. sujets militaires, chasses, chevaux, etc. 223 p., vol. in-fol. demi-rel.

152 **Vernet** (Horace). Sujets divers lithographiés ; plusieurs rares. 26 p.

Olivar 12

Couchois 25

153 — Album par et d'après. 36 p.; plusieurs rares.

154 — Album de Carle, Horace et autres. 69 p.

155 Portefeuille contenant : Souvenirs de Londres, 12 p., par Eug. Lami; souvenirs de Bruxelles, par Madou, 10; de Nantes, etc., 20 p. Deroy. 42 p.

156 Recueil de statues anciennes et modernes. 51 p.

157 Musée Philippon. Sujets en bois; vol. in-4. *Petit Journal pour rire*, sujets en bois, vol. in-4.

158 Le Charivari 1839 en 2 vol. 117 nos dont 56 Gavarni, en 2 vol. demi-rel.

159 — 1856 et 1857. 3 vol. dos en toile.

160 *La Caricature provisoire*, 1838-1839, Daumier Gavarni 31, Grandville 10, H. Monnier, demi-rel.

161 — 1840. Gavarni, 30, Grandville, Henri Monnier, etc., demi-rel.

162 Album de caricatures anciennes et modernes jusqu'à 1848. Granville 21, Henri Monnier, Raffet, 176 p. in-fol., dos parchemin vert.

163 Galerie de la duchesse de Berry, 86 lithog. chine, in-fol., demi-rel.

164 Galerie des tableaux du duc d'Orléans. Lithog. avec texte in-fol., 1 vol., demi-rel.

DESSINS

ÉCOLE ITALIENNE

166 **Anonyme 1787.** Les Saisons, 4 trompe-l'œil. Aquarelles.

167 AMATA, d'ap. Carrache. 3 dessins, crayon noir et rouge.

168 ARPINO. Sainte Catherine. Dragon. 2 dessins, crayons noir et rouge.

169 BAROCHE. Tête de femme. Crayon de couleur.

170 CANALETTI. Vue de Venise. A la plume.

171 CANGIAGE. Sujets divers, 5 dessins.

172 CARRACHE (A.). Paysage. A l'encre.

173 CARAVAGE. Figures allégoriques. Au bistre. 4 p.

174 FEGGINO. Ange. A la sanguine.

175 FRANCO. Bacchanale. A la plume et au crayon.

176 GIORDANO (Lucas). Tarquin et Lucrèce. A l'huile.

177 GUIDE. Massacre des Innocents. Christ mort, etc. 3 p.

178 LÉONARD DE VINCI. Vieillard, croquis de la collection Denon, encadré. Vieillard et tête grotesque. 3 dessins.

179 LUTTI. Mort de la Madeleine. Beau dessin au bistre.

180 MALFASSI. Vierge et l'Enfant sur un croissant. A la plume, d'ap. Durer.

181 MARATTE. Tête de jeune Fille. Sanguine.

[illegible] 5 50

182 MICHEL-ANGE. Croquis, à la plume.

183 MOLA. Trois figures, à la sanguine.

184 PALMIERI. Dessins à la plume et bistre. 2 p.

185 PANINI. Architecture avec figures. 2 p.

186 PASSAROTTI. Etude académique, à la plume.

187 RAZZI. Le Christ frappé de verges, bistre.

188 PINELLI, etc. Costumes romains et napolitains. 6 aquarelles.

189 ROMAIN (Jules). 2 dessins et Perin del Vaga. 3 p.

190 ROSSO. Psyché ouvrant la boîte. Beau dessin au bistre.

191 SALVESTRINI. 2 dessins. Sanguine.

192 SALVIATI et autre. 2 dessins. Bistre.

193 SANSOVINO. Sujet religieux. Bistre.

194 TIEPOLO. Narcisse. Sujets de plafond et autres. 7 p.

195 TINTORET. Tête d'homme. Crayon noir.

196 TITIEN. Paysage. Sanguine.

197 VIVIANO. Vierge adorée. Crayon.

198 ZUCCHERO. Tête. Études. Paysage de Zucchарelli, etc. 4 p.

199 **École italienne**. Dessins de divers maîtres. 58 p. Sera divisé.

ÉCOLE ALLEMANDE

200 ALDEGRAVER. Fuite en Egypte. A la plume.

201 BEGA. Études d'hommes. 2 crayons noirs.

202 BLOEMAERT. Paysage. Sanguine.

203 **BOUT.** Fête de village. Maraudeurs pillant un village. 2 dessins à l'encre.

204 **BREEMBERG** et autres. 3 dessins.

205 **BRILL** (P.). Moulin à eau. A l'encre avec la gravure. Tobie et l'ange, et autres paysages, A la plume et aquarelle. 6 dessins.

206 **CATS.** Paysage plein de soleil. A l'encre.

207 **CUYP.** Paysage avec bestiaux, à l'encre.

208 **DASWELD.** Chienne couchée dormant.

209 **DELFOS.** Beau paysage, à l'encre.

210 **DEYSTER.** Jugement dernier. Le bon Samaritain. 2 dessins à l'encre, rehaussés de blanc.

211 **DIEPENBECK.** La Cène. Martyre d'un Saint. 2 p.

212 **DUBBELS.** Vaisseaux en panne. Mine de plomb.

213 **DURER.** 2 dessins à la plume.

214 **DICK.** Prince cuirassé. Sanguine. Groupe à la plume. 2 dessins.

215 **ELBING** (Petit-Jean). Marine. Aquarelle.

216 **GEISSLER.** Scènes de paysans russes. 2 aquarelles.

217 **GHEIN.** Costumes militaires. Vieillard. A la plume. 4 p.

218 **GOERE.** Emblèmes de religion. 19 dessins à l'encre, et autres, par divers. Ornements. Paysages. Têtes, etc. Crayons, plume, etc. 56 p.

219 **GOYEN** 1653. Marines. Flamandes. 5 dessins.

220 **GRAVE.** Paysages à l'encre de Chine. 5 p.

221 **HEMSKERKE.** La Force. La Tempérance. 2 fig. à l'encre.

222 **HOOGHE** (R. de). Titre orné de figures. Plume lavée.

Duval 4.

Duval 10 [illegible]

1	l'artiste	Lecauchois	3	
23	Demarne	Lecauchois	3	
24	Deveria	F. Petit	4	
26	Diaz	Lecauchois	6	
29	Sujets religieux	Lecauchois	5	
37	Fragonard	Toussaint	3	
38	Verroux		3	50
43	Huet	Lecauchois	2	
56	Parrocel	Lecauchois	1	
71	Couleur		5	50
74	Espagnols Portraits		1	50
75	72 portraits		11	
77	Prudhon		13	50
80	Rembrandt	Lecauchois	6	50
86	Watelet		1	50
87	Waterloo	Lecauchois	3	
94	2p.	Toussaint	3	50
108	Versailles pied		12	
109	bustes		23	
115	paysages	Lecauchois	3	
146	acteurs	Olliver	4	50
147	acteurs		6	50
155	Eug. Lami		1	75
			127	25

			127	25
173	Caravage	Grigoux	2	
174	Feggino	Grigoux	1	50
176	Giordano	Grigoux	5	
177	Guide	Grigoux	5	
164	Palmeran	Herpin	3	
214	Dick	Duval	2	
240	Roos	Herpin	1	
255	Vlieger	Duval	3	
270	Choiseul	Goncourt	2	50
272	Cochin	Goncourt	3	
293	Jeaurat	Goncourt	3	
297	Leclerc	Duval	2	
355	Acher	Acher	2	
360	Bergeret	Lecarpentier	2	
370	Carmontel		4	
421	Oudry	Mathon	8	
461	Nourry charge	Maheraut	2	
	4 portefeuilles		2	25
			180	50
			9	05
			189	55

223 HUCHTEMBURG. Combats de cavaliers. 2 dessins.

224 HUYSUM (Van). Paysages arcadiens. 2 dessins à l'encre.

225 KESSEL. Concert drolatique. A la plume, lavé.

226 KLENGEL. Bestiaux au repos, au bistre.

227 KOBELL (F.). Paysages à la plume et bistre. 97 dessins. Volume.

228 KOLLER. Le pont du Diable. Aquarelle.

229 KRAAG. Porte d'une ville hollandaise. Bistre.

230 LANSDORF. Beau Paysage avec bestiaux. A l'encre.

231 LUYKEN. Nombreux martyrs en croix, à la plume, lavé.

232 MAAS. Paysages. 2 aquarelles.

233 MEYER. Vue du Rhin, et autre. 2 dessins. A l'encre et à l'aquarelle.

234 MOUCHERON. Maison de plaisance hollandaise. Aquarelle.

235 NILSON. Saint. Sainte. 2 dessins à l'encre. Très-finis.

236 OS (Van). Bataille à travers un fleuve. A l'encre.

237 OUWATER. Vue d'une ville hollandaise. A l'encre.

238 PARCELLES. Marine. A l'encre.

239 POTTER (P.). Cochons. Crayons noir et rouge.

240 ROOS. Le Bouvier qui monte à cheval. Sanguine.

241 RUYSDAEL. Paysages. Sépia et aquarelle. 2 p.

242 RYSBRACK. Paysage. Aquarelle.

243 SAVERY (R.). Paysage. Plume et bistre avec la gravure.

244 SCHOTEL. Marine. A l'encre de Chine.

245 SPOEDT. La sainte Trinité en gloire. A la plume.

246 SPILMAN. Vues et paysages. 6 p. à l'encre.

247 STORK. Marines chinoises. 2 p. à l'encre.

248 SWANEVELT et autres. 5 paysages.

249 TASSART. Saint évêque en pied. A l'encre.

250 TISCHBEIN. Sacrifice juif. Au bistre.

251 WAGNER. Bergers et leur troupeau. Au bistre, et autres. 3 p.

252 WATERLO. Paysage, Crayon et à l'encre. 2 p.

253 VELDE (Van de). Marines sur papier et sur vélin. 2 p.

254 VERSCHURING. Le Cavalier près du vase. A l'encre.

255 VLIEGER (S.). Plage. A l'encre.

256 VOUVERMANS. Croquis de premières pensées de tableaux. 10 à la mine de plomb.

257 **École flamande-allemande.** Dessins divers. 38 p. Pourra être divisé.

ÉCOLE FRANÇAISE

258 **Anonyme.** Berger et bergère grecques, costumes d'acteurs, époque Louis XV. 2 aquarelles.

259 BALTARD. Vue d'Italie, plume. Autre, sépia, par *Baudet*. 2 dessins.

260 BENCE. Temple. Colonne antique. 2 sépias.

261 BOISSELIER. Vues d'Italie. 2 sépias.

262 BOILLY. Fête dans un parc, grand nombre de figures. Bistre.

Duval 15

[illegible] 6

Gomont. 6 50

263 BOURGEOIS. Vue d'Italie. Autre, par *Laurens*. 2 sépias.

264 BRAZIER et autres. Bouquets de fleurs. 7 aquarelles.

265 CALLOT. Paysage, figures. 5 dessins à la plume.

266 CARAFFA. La Justice défendant l'Innocence contre le Crime. Beau dessin, pierre d'Italie.

267 CASANOVA. Combat de cavalerie. Bistre. Berger, à l'encre. Cavaliers. 4 calques à la plume. 6 p.

268 CASATI. Marine. Aquarelle.

269 CHASSELAT 1829. Les parties du Monde. 4 sépias. — L'histoire de Guillaume Tell. 4 bistres et 4 fragments. 8 p.

270 CHOISEUL-GOUFFIER. Paysage. Aquarelle.

271 CICERI (P.-L.-C). Marines. Bistre et aquarelle. 3 p.

272 COCHIN. Mort de la Reine 1768, 2 allégories. Sanguine. Beaux dessins.

273 DELARUE. Bonne et enfant. — Le Porteballe, par *Renard*. 2 aquarelles.

274 DELORME. Le Printemps. Beau dessin, crayon noir.

275 DEMACHY. Intérieur d'église.

276 DEROY. Paysages. 3 sépias.

277 DESFRICHES. Partie de plaisir sur l'eau. A l'encre.

278 DREUX (Alfred de). Amazone. Aquarelle.

279 DUNOUY. Paysages. Sépia et encre, et par Nicole. 7 p.

280 ECKARD. La Visitation. Pierre d'Italie.

281 EVRARD 1837. Vase de fleurs. Bistre.

282 FONTALARD (Gérard). Portrait de dame et charges. 7 p.

283 FORBIN (Comte de). Vues d'Italie. Bistre et crayons. 3 p.

284 FRAGONARD. Sujets et têtes. 4 dessins.

285 GELLÉE (Claude-Lorrain). Vaisseau en radoub. Bistre.

286 GIRODET. Vénus et Adonis, à la plume.

287 HALLÉ. Têtes et académies de femmes, au crayon noir. 16 p.

288 HILAIRE. Scènes de paysans. 2 jolies aquarelles. — Scène en Orient. A l'encre. 3 p.

289 HOUEL. L'Anier, à la sanguine.

290 HUSSENOT de Metz. Décoration d'architecture pour titre. Aquarelle rehaussé d'or.

291 INGOUF. Scènes de la création. 2 bistres.

292 JEANRON. Berger. Aquarelle.

293 JEAURAT. Étude d'homme. Crayon noir et blanc.

294 JOHANNOT (Tony). Sujets à l'encre, et têtes au crayon. 4 dessins.

295 JUGELET. Marine, en couleur.

296 LAFITTE. Entête de lettres de la République. 3 plumes.

297 LECLÈRE (J.). Réunion d'hommes et de femmes.

298 LE MAY de Valenciennes. Grotte de la nymphe Égérie. A l'encre.

299 LAGRENÉ. Études d'après l'antique, etc. A la plume. 9 p.

300 LANCRET. Étude d'homme. Crayon noir.

Gonnouilh 6 50

Duval 5

301 LE PRINCE. Militaires à cheval. 4 p. à la plume.

302 — Coiffures normandes et autres. — Port de Bordeaux. 16 p. à la plume et mine de plomb.

303 — Sujets et costumes orientaux, etc. Aquarelles. 30 p.

304 — Costumes militaires. 12 aquarelles.

305 LE PRINCE (Léopold). Paysages, chariots. 9 p.

306 LE PRINCE (Xavier). Costumes du Languedoc. Aquarelles. — Scènes rustiques. 13 p.

307 LESUEUR. Moines. Crayon et encre. 2 p.

308 LOUIS comte de Provence, 1764. Scène de Don Quichotte, au crayon. — Paysage avec figure, à l'encre, par madame Adélaïde, sa sœur. 2 p.

309 LOUTERBOURG. Anes, paysage. Bistre, etc. 3 p.

310 MARIN LAVIGNE, d'ap. Rembrandt. 3 p. mine de plomb. — Vierge et Sainte. Crayon noir. 5 p.

311 MARVY. Paysage, à la plume. 3 p.

312 MICHEL. Vue du pont Neuf, prise du pont des Arts.

313 MOITTE. Statue de Bonaparte pacificateur. A l'encre.

314 MOREAU. Petits dessins. Bistre et crayon. 4 p.

315 NICOLLE, etc. Vues d'Italie. Aquarelles et autres. 6 p.

316 NOEL (Alexis). Grand panorama de Paris. Belle aquarelle. — Autre, trait colorié. 2 p.

317 PARENT. Napoléon mort, Adam et Ève. 2 mine de plomb.

318 PARROCEL. Combats de cavalerie. 4 bistres.

319 PERLET (Mlle). Têtes et études. 6 crayons.

320 PERRIN. La France consacrant les drapeaux. Crayon.

321 PERROT. Paysages. — Études et académies de femmes. 36 p.

322 PICART (B.). Procession chinoise. 2 beaux dessins à l'encre.

323 PILLEMENT 1792. Paysages. Crayon noir.

324 RENAUD. Paysage. Beau dessin à la fumée.

325 RIOULT. Calques et dessins. 6 p.

326 ROBERT. Vues d'Italie, 2 sanguines. Et autres, bistre, etc 8 p.

327 SALLEMBIER. Paysage. Crayon noir et blanc.

328 SARRASIN. Paysages avec pastorales. Baigneuses. 3 à l'encre, et gravure. 4 p.

329 SAVERVIED. Cosaques à cheval. 2 aquarelles.

330 SYLVESTRE (L.). Paysage. Sanguine. 3 p. dont 1 cadre.

331 SOULIER. Pêcheur. Belle aquarelle.

332 STEUBEN. Études de chapeaux et tête. Crayon noir.

333 SWEBACK. Chevaux et cavaliers. 2 mine de plomb.

334 TAUNAY. Deux vues de Rio-Janeiro. Mine de plomb.

335 THENOT. Paysages. Bistre. 5 p.

336 THIBAULD. Monuments antiques. 2 belles aquarelles.

337 TRINQUESSE. Portraits d'hommes et de femmes, à la sanguine. 13 contre-épreuves.

338 TRIQUETTI. Armure de chevalier et du cheval. Crayon noir et rouge. Beau dessin.

[illegible] 1

Cauchon 3

Cauchon 4 50

339 VALENCIENNES. Vues d'Italie. Aquarelle et calques. 3 p. 2 50

340 VALLIN. Bacchanales. A l'encre. 2 p. 1

341 VANLOO. Saint Augustin. — Femme tenant une guirlande.

342 WATTIER. Scène d'amants. Jolie petit dessin. } 1 25

343 VAUZELLE. Vues du palais de Justice. 2 aquarelles. Et autres intérieurs. 4 p. 2 25

344 VERDIER. Histoire de Samson. 5 dessins à l'encre et 3 gravures. 8 p. 2 75

345 VERNET (C.). Départ de chasse. — Costumes militaires. Aquarelle et sépia. 6 p.

346 — Costumes de métiers de femmes, grisettes. 18 aquarelles. } 8 50

347 VERNET (J.). Tronc d'arbre, rocher et guerriers. A la plume.

348 VIEILH 1783. Chaumière. A la sanguine. } 1 25

349 WILLE fils. Deux criminels sur la charrette allant au supplice. Crayon noir. 1

350 VINKELES. Scènes de chasseurs avec dame à cheval. 2 très-belles aquarelles. 6

251 WYNANTZ 1833. La Bourse, l'Hôtel de Ville, Notre-Dame, Tuileries, Louvre, Saint-Germain-l'Auxerrois, la Madeleine. 8 vues à la sépia. 8

352 **École française**. Dessins divers, sujets et paysages. Aquarelles, sépia et autres. 60 p. Pourra être divisé. 14

353 **Dessins chinois**. Chinoises travaillant, 2 p. Marchand de poissons, oiseaux. 5 dessins très-beaux, sur papier de riz. Intérieurs chinois avec théâtre, 2 p. Fleurs et fruits, aquarelles très-belles, en tout 18 p. 11

51 . — 273 . 277 . 282 . 285 . 286 . 291 . 292 . 294 . 298 . 299 13
51 [illegible] 319 . 324 . 325 . 338 .
7 albums de croquis 5
1 Portefeuille croquis 3 dessins 5
1 Portefeuille 33 dessins 7

354 Environ 150 dessins de diverses écoles : Architectures, compositions, études, aquarelles, plumes et crayons, que le temps n'a pas permis de cataloguer, seront vendus en plusieurs lots.

DESSINS ENCADRÉS ET SOUS VERRES

355 ACHER 1817. Paysage avec rivière. Sépia.

356 AUBERT. Plafond à Orvieto. Aquarelle sous verre.

357 BACKHUYSEN. Marine. Plume et encre.

358 BARDE. Étude. Crayon et sépia sous verre.

359 BEERSTRATEN. Effet d'Hiver. Aquarelle.

360 BERGERET. Conspiration de Pazzi à Florence. Au bistre.

361 BIBIENA. Tombeau monumental. Plume, lavé de bistre.

362 BOILLY. Le Joueur de violon. Crayon noir.

363 BOISSIEU. Pâtre et animaux au repos. A l'encre.
— Deux Buveurs. Aquarelle, cadre rond sculpté.
— Paysans. A l'encre.

364 BONINGTON. Irlandaise à la messe. Aquarelle.
— Plage. Marée basse. Aquarelle.
— Jeune Anglais en pied. Aquarelle sous verre.
— Femme assise. Aquarelle sous verre.

365 BOUCHER. Paysage rustique. Pierre d'Italie.
— Groupe de trois Amours. Sanguine.

366 BOURGUIGNON. Combat de Cavaliers. Bistre.

367 BROUARD. La Tour de Nesle, d'ap. Callot. A la plume.

Achat 12

Carburant 2 50

[illegible]

[illegible]

368 BRUNE. Paysage avec cascade. Aquarelle.

369 CARAFFE, 1790, au Caire. Intérieur turc. Aquarelle.

370 CARMONTELLE. Voltaire et Madame..... brodant, en pied. Aux crayons de couleur.

371 CATS. Têtes de bœuf, âne, moutons, chien. A la plume, sous verre.

372 CHARPENTIER. Scène d'intérieur. Bistre.
— Portrait de Femme. Crayons noir et blanc.

373 CHASSELAT, 1820. Jeanne d'Arc. Sépia sous verre.

374 CLAUDE LORRAIN. Vue de Rome. Au bistre.
— Paysage. Soleil couchant. Bistre.
— Le Troupeau passant le pont. Ruines de Rome. Bistre.

375 CLERMONT. Scène villageoise. Huit figures, à l'encre.

376 COTELLE. Soldats en festin. A la plume.

377 DECAMPS. Petit paysage. Crayon de couleur.
— Paysan. Sépia, deux sous verre.

378 DROUAIS. L'Enfant prodigue. Crayon noir, première pensée. Col. Sylvestre.

379 DUPRÉ. Caloyer, prêtre grec. Sépia sous verre.

380 ECKARD. Pèlerin assis. Col. Regnaud Delalande.

381 ENFANTIN. Biche dans un paysage. Sépia sous verre.

382 FAMIN. Monument d'architecture.
— Décoration d'architecture d'*Amata*. 2 aquarelles.

383 FEUCHERES. Portrait de Mad. Duponchel, dans un encadrement orné de figures. A la plume.

384 FONTALARD. Portrait d'Homme. Sous verre.

385 GERICAULT. Chevalier orné de toutes pièces. A la plume.

— Général français à cheval. Calque.

— Geissler frappé, tiré de Guillaume Tell.

— Chevaux de poste effrayés par la foudre.

— Costumes turc et grec. Deux aquarelles sous verre.

386 GHEYN. Buste de Prophétesse. Plume.

387 GIGOUX. Tête de guerrier. Mine de plomb sous verre.

388 GIRODET. Portrait de sa maîtresse. Crayon noir.

— Vénus et l'Amour. Crayon noir.

389 **Gouaches anciennes**. Sainte Famille. Ronde. Sainte-Geneviève dans un paysage. Cadre sculpté.

390 GOYEN (V.). L'Auberge. Village au bord de l'eau. Deux dessins à l'encre.

391 GRANET. Temple à la villa Borghèse. Plume et couleur.

— Porte Majeure à Rome. Sépia.

392 GREUZE. Tête de profil d'un jeune homme. Sanguine.

— Tête d'Amour. Sanguine.

— Tête de Vieillard. Mine de plomb.

393 GROS. Louis XVIII octroyant la Charte, entouré de sa famille. Composition à la sépia.

394 HARRIETTE. Tête de Femme. La Tristesse. Crayon noir.

[illegible]

5

[illegible] 18

[illegible] 7.50

[illegible] 21 [illegible] 12

[illegible] 25

395 HENNEQUIN. Le Désespoir. Au bistre.
— Paysage historique. Crayon noir.

396 HUET. Moutons, béliers. Col. Regnault.
— La Sortie des moutons. Payagse très-capital. Au bistre très terminé, d'effet magnifique.

397 HUTIN, 1767. Tête d'ap. Rembrandt.

398 ISABEY père. Charge d'un Anglais. Sépia.

399 JACOULET. Scène théâtrale. A la plume.

400 JACQUAND. Oriental. Crayons rouge et noir.

401 JEANRON. Jeunes garçons jouant aux billes. Crayon noir.

402 JELLICOE. Clair de lune. Relevé de couleur.

403 JOHANNOT. Scènes de la République. 2 plumes et sépia, 3 dessins.
— Scène de Molière. Jolie sépia.

404 JOUVENET. Tête de Vieillard. Sanguine sous verre.

405 KLENGEL. Mendiant. Aquarelle, 1779.

406 KUHN (Ch.), 1766. Buste d'officier. Aux trois crayons, d'ap. Rembrandt.

407 LALLEMAND. Le Charlatant. Criminel promené sur un âne. Deux beaux dessins à l'encre.

408 LAZERGES. Tête de Christ. Crayon noir.
— Femme s'admirant dans une glace tenue par l'Amour. Mine de plomb.
— Scène de désolation. Crayon noir.

409 LEMOINE. Iris entrant au bain. Sanguine.

410 LEPICIÉ. Les Écoliers et la Marchande. A l'encre.

411 LEPRINCE. (Xavier). La Drogue sujet militaire, rond. sous verre.

412 MALLET. Portrait de Mlle Meyer. Crayon de couleur.

413 MILLET (F.). Jésus prêchant. A l'encre.
— Paysage arcadien. Gouache.

414 MOITTE. Combat des Centaures et des Lapites. Incendie. Deux beaux bas-reliefs, grisailles à l'encre.

415 MOREAU aîné. Marie-Antoinette et Gluck, dans le jardin de Trianon. Aquarelle.

416 MOUCHET (d'ap.). La Méprise, à l'encre de Chine. Sous verre.

417 NICOLLE. Paysages. Thermes de Dioclétien à Rome. Oratorio, etc. Cinq aquarelles.

418 NOEL. Paysage rond. A l'encre.

419 OS (Van). Halte devant l'auberge. A l'encre,

420 OSTADE (A. V.) Intérieur avec buveurs. A l'encre de Chine, daté 11-12, 1647.

421 OUDRY. Le Renard pris au piége. Pierre d'Italie.

422. PATEL. Marine. Paysages très-beaux. 3 gouaches, cadres sculptés.

423 PERCIER. Intérieur d'une colonnade. Aquarelle.

424 PERNOT. Paysages. 2 sépias.

425 PERROT. Dame à la fenêtre. Boulogne-sur-Mer, 1833. Mine de plomb, sous verre.

426 PICART (B.)? Costumes homme et femme, 1723. Aquarelle.

427 POURCELLY, 1792. Beaux paysages. 2 Gouaches.

428 POUSSIN (N.). Fort Saint-Ange à Rome. Cadre sculpté.

429 REDOUTÉ. Rose jaune. Eglantier. 2 aquarelles.

430 REMY. Paysage. Aquarelle.

15

…thon 15

Mathon 10

431 RENAUD, 1853. Paysage. Mine de plomb.

432 RIGAUD. Portrait en pied, assis, d'un prince ecclésiastique. A l'encre, rehaussé de blanc.

433 RIOULT. Coriolan. Au bistre.

434 ROBERT (Hubert). Jardin de Boboli à Florence. Jolie aquarelle.

435 ROMANET. Portrait de Preville, acteur. Crayon noir.

436 RONMY. Hôtel Cluny. Restes d'églises à Paris. Trois aquarelles.

437 RUBENS. Vierge et Jésus. Crayons noir et rouge.
— Baptême de Jésus. A l'encre.

438 SAINT-AUBIN. Rameau. A la sanguine.

439 SALOMON. Vue en Suisse. Aquarelle.

440 SCHENAU. La Toilette. A l'encre.

441 SICARDI. Comme c'est chaud. Mine de plomb.

442 SOMER (J. Van). Portrait de De Witt. A l'encre.

443 SPAENDONCK (Van). Rose. Crayon noir.
— Grappe de Chasselas. Crayon noir.

444 SUZEMIHL. Tigre et papillon. A l'encre.

445 SWEBACK père. Bataille d'Eylau. Bistre.
— Droska, traîneau russe. Aquarelle.

446 THIENON. Paysage avec cascade sépia.

447 THORWALDSEN. Deux figures allégoriques. A l'encre.

448 THULLIER. Paysage. Mine de plomb. Autre crayon noir sous verre.

449 TOPFER. Sallenche. Beau paysage. Bistre.
— Paysanne du canton de Vaud, à la fontaine. Belle sépia.
— Fourré dans un bois. Sépia.

450 TRINQUESSE. Portrait de Femme.
— Jean Pierre de Batz.
— Portrait d'Homme, 1795. Dessins ronds à la sanguine. 3 p.

451 WATTEAU. Danse champêtre. A l'encre cadre ovale.

452 VELDE (A. V.). Têtes de moutons. Sanguine.

453 VERNET (J.). Sauvetage. Crayon noir et blanc.

454 VICAR. Buste de Vénus. Crayon noir.

455 WILLE père. Paysage. Ruine. Sanguine.

456 WILLE fils. La Querelle. Magnifique dessin à la plume; de cinq figures. Signé.

457 — 1814. La Séduction. Vieillard gouteux donnant de l'argent à une vieille, qui amène une jeune fille. Beau dessin à l'encre.

458 — 1783. Jolie tête d'Enfant. Sanguine.

459 VITRINGA. Marines. Deux aquarelles.

460 ZIEGLER (d'ap.). Daniel dans la fosse aux lions. Aquarelle.

461 Environ 25 dessins encadrés. Portraits de Ney, Lekain, charge de Nourrit, Talma, et autres. Sanguine, crayon, bistre, aquarelles. Seront divisés.

RENOU et MAULDE, imprimeurs de la Compagnie des Commissaires-Priseurs, rue de Rivoli, 144. 31696

1.54

[illegible]

[illegible] 18

3 mains chemises 3 75

transport par les commissionnaire de l'hotel

PORTRAITS EN BISTRE

Collections de Portraits inédits ou rares de Personnages célèbres

REPRODUITS NOUVELLEMENT PAR LA GRAVURE

Publiés par VIGNÈRES, Md d'Estampes

Rue de la Monnaie, 15, à l'entresol, entrée rue Baillet, 1.

Albany (Louise-Max. de Stolberg, comtesse d'). Gravée par Varin.
Amoros, colonel, fondateur de la gymnastique en France. id.
Argout (Antoine-Maurice-Apollinaire, comte d'). J. Porreau.
Babeuf (F.-N.-Gracchus), journaliste. id.
Barère (Bertrand), de Vieuzac, conventionnel. id.
Beauharnais (comtesse Stéphanie de), poète, romancière. Sisco.
Berruyer, général, commandant des Invalides. J. Porreau.
Bertrand de Molleville, marquis, ministre, littérateur. id.
Bièvre (marquis de), célèbre auteur de calembours. id.
Blanchard (Madeleine-Sophie-Armand, Madame), aéronaute. id.
Bonjour (Casimir), auteur dramatique. id.
Borghèse (Camille-Philippe-Louis), prince. id.
Bossut (Charles), mathématicien. id.
Brazier (Nicolas), auteur dramatique, d'après Marlet. id.
Brissot (J.-P.), de Varville, conventionnel. id.
Canclaux (J.-B. Camille, comte de), général, pair. id.
Cayla (comtesse de), née Talon, d'après le baron Gérard. Massard.
Clouet dit Janet, (François), peintre de portraits. J. Porreau.
Cochon, comte de l'Apparent, conventionnel, ministre. id.
Debureau, acteur des Funambules, Pierrot. id.
De Fermont (comte), député, conseiller d'État. id.
Devienne, actrice, Théâtre-Français. Normand.
Donadieu, baron, général de division. J. Porreau.
Dorat-Cubières-Palmezeaux, poète, auteur dramatique. id.
Droz (Joseph), littérateur, académicien. id.
Duchesne aîné, conservateur du cabinet des estampes. id.
Ducos (Roger), avocat, constitut., 3e consul provisoire. id.
Élie de Beaumont, avocat au Parlement de Paris. Devritz.
Empis (Adolphe), auteur dramatique. J. Porreau.
Epagny (d'), poète dramatique. id.
Fabre de l'Aude (comte), député, pair, littérateur. id.
Fievée (J.), littérateur, auteur dramatique. id.
Fréron (Louis-Stanislas), conventionnel. id.
Frochot, comte, préfet, député. id.
Garnerin (A.-J.), inventeur du parachute. id.
Garnerin (Élisa), aéronaute. id.
Gaudin, duc de Gaëte, ministre des finances. id.
Genlis (A. Brulard, comte de), cap. des gardes, convent. id.
Geoffroy (J.-L.), critique, journaliste. id.
Godoi (don Manuel), prince de la Paix. Varin.
Gouffé (Armand), chansonnier, vaudevilliste. J. Porreau.

Guimard (Mademoiselle), danseuse. J. Porreau.
Jouffroy (Théodore-Simon), professeur, académicien. id.
Jousselin de Lasalle, homme de lettres. id.
Kant (Emmanuel), philosophe allemand. Bracquemond.
Lacalprenede (Gauthier de Costes, seign. de), romancier. Varin.
Lainé (J.-H., vicomte), ministre et académicien. J. Porreau.
Lamballe (princesse de), dess. d'ap. nature par Gabriel, id.
Lasource (M.-David-Albin de), député du Tarn. id.
Lavallière (L.-F. de la Baume, duchesse de). id.
Lucotte (Edme-Aimé), lieut.-général, comte, né à Dijon. id.
Marat, à la tribune, dess. d'après nature par Gabriel. id.
Martin (Louis-Aimé), littérateur. id.
Maurepas (J.-Fréd. Phelypeaux, comte de), ministre. Varin.
Mazères (Édouard), auteur dramatique. J. Porreau.
Mesmer, auteur du magnétisme animal. id.
Mézerai, actrice, Théâtre-Français. Normand.
Orléans, duc de Montpensier (Ant.-Philippe d'), 1773-1807. J. Porreau.
Persuis (L. Loiseau de), musicien, d'ap. Pierre Guérin. id.
Petiet (Claude), député, ministre de la guerre. id.
Philidor (André-Danican), musicien, auteur du jeu d'échecs. id.
Pilon (Germain), sculpteur, 1550. id.
Pixerécourt (Guilbert de), fac-similé, d'après J. Boilly, in-4. id.
Pongerville (Samson de), académicien. id.
Pontus de la Gardie, général en Suède. id.
Ramel-Nogaret, ministre des finances, préfet. id.
Réveillère-Lepaux, botaniste, théophilanthrope. id.
Robert-Lindet, député, conventionnel, ministre. id.
Romme (Gilbert), conventionnel. id.
Rouget de L'Isle, auteur de *la Marseillaise*, musicien. Varin.
Saint-Huruge (marquis de). J. Porreau.
Saint-Prix, acteur, Comédie-Française. id.
Saint-Simon (Claude-H., comte de), philosophe. Perrot.
Silvain Maréchal, poète et littérateur. Devritz.
Tallien (Madame), née Cabarus, d'après le baron Gérard. Massard.
Treilhard (J.-B., comte), député, ministre, etc. J. Porreau.
Tronson du Coudray, avocat, du Conseil des Anciens. id.
Vadier (A.), député aux États-Généraux. id.
Vatout (J.), poète, académicien, bibliothécaire. Varin.
Vigée (L.-G.-B.-E.), poète et auteur dramatique. J. Porreau.
Cartouche (Louis-Dominique), fameux voleur. Lallemand.
Mandrin (Louis), fameux contrebandier. Delaistre.

Chaque portrait pouvant entrer dans un in-8° est tiré in-4°.
Avec la lettre, papier blanc, 1 fr.; papier de Chine, 1 fr. 25 c.
Avant la lettre, papier blanc, 1 fr. 50 c.; papier de Chine, 2 fr.
Dont il n'est tiré que 20 épreuves blanc et 5 Chine.

Afin de faciliter les recherches des Amateurs de portraits, soit pour les illustrations, soit pour les collections d'autographes ou autres, *deux Catalogues détaillés* de quelques collections de portraits qui peuvent se trouver chez moi, classés par ordre alphabétique, seront remis aux personnes qui en feront la demande affranchie.

Renou et Maulde, imprimeurs de la Compagnie des Commissaires-Priseurs, rue de Rivoli 144. 20931

www.ingramcontent.com/pod-product-compliance
Ingram Content Group UK Ltd.
Pitfield, Milton Keynes, MK11 3LW, UK
UKHW020411180726
13839UKWH00003B/1303

9 782329 504032